Maria Sassin

Mach es wie die Biene

Wünsche für ein süßes Leben

W0205267

Mach es wie die Biene
und schenk deinem Leben
neue Süße.

Ich wünsche dir
die Leichtigkeit der Biene –
froh summend
schwebt sie über den Dingen.

Ich wünsche dir
die *Wehrhaftigkeit* der Biene.
Sie verteidigt sich in Gefahr,
doch verletzt sie nie ohne Grund.

Ich wünsche dir
die *Treue* der Biene –
sie kehrt immer wieder zu ihrer
Königin und ihrem Heim zurück.

Ich wünsche dir
das *Aufgehobensein* der Biene –
in ihrem Stock fühlt sie sich
am rechten Platz.

Ich wünsche dir
die *Lebensfreude* der Biene,
deren frohes Summen sie durch
den ganzen Tag trägt.

Ich wünsche dir
die *Unverdrossenheit* der Biene –
findet sie in einer Blüte
keinen Nektar,
fliegt sie munter weiter.

Ich wünsche dir

die *Weisheit* der Biene –

sie weiß, dass Geben und Nehmen

gleichermaßen zum erfüllten

Leben gehören.

Ich wünsche dir
die **Großzügigkeit** der Biene –
sie nährt mit ihrem gesammelten
Nektar ihr Volk.

Ich wünsche dir
den *Feinsinn* der Biene –
sie findet auch
verborgenste Schätze.

Ich wünsche dir
die Einzigartigkeit der Biene.
In ihrem Staat leben Millionen
Schwestern, doch keine ist wie sie.

Ich wünsche dir
die Beharrlichkeit der Biene,
die nicht aufgibt,
bis ihr Ziel erreicht ist.

Ich wünsche dir
die *Achtsamkeit* der Biene,
die sammelt, ohne zu zerstören.